$\frac{27}{Ln\ 14876.}$

NOTICE

SUR LA

VIE DE MGR DE MORLHON

ÉVÊQUE DU PUY

Suivie de la paraphrase du *Salve Regina* qu'il prononça sur la place du Breuil au moment de l'inauguration de Notre-Dame de France.

LE PUY

IMPRIMERIE M.-P. MARCHESSOU

1864

Humble et pieux hommage rendu à la mémoire bénie de Monseigneur J.-A.-V. DE MORLHON, évêque du Puy, à l'occasion de l'érection de sa statue monumentale sur le rocher Corneille.

Aux pieds de Notre-Dame de France, le saint Evêque, par son attitude suppliante, semblera lui redire un éternel Salve Regina !

Le Puy, 1ᵉʳ novembre 1864, jour de la fête de tous les Saints.

NOTICE

SUR LA

VIE DE MGR DE MORLHON

ÉVÊQUE DU PUY

Mgr A. de Morlhon naquit à Villefranche-de-Panat (Aveyron) le 18 décembre 1799. Ses parents lui firent aimer les vertus héréditaires dans son illustre et noble famille. Le sang des croisés circulait dans les veines de ses ancêtres : deux d'entre eux s'étaient valeureusement armés, en 1100 et 1200, pour aller combattre les infidèles et défendre les Lieux-Saints contre leur invasion.

Les plus jeunes années d'A. de Morlhon s'écoulèrent studieuses et sereines, dans un milieu patriarcal, sous le regard charmé d'une mère qui surveillait avec amour l'épanouissement des heureuses dispositions de son premier-né.

L'adolescence de ce fils si cher, qui devait être une des gloires de l'Eglise du Puy, fut abritée à l'ombre du sanctuaire. Là, il grandit dans la voie de Dieu et se développèrent en son âme les germes de cette perfection qui devint féconde en beaux et grands résultats.

Dans les séminaires, dont il suivit les cours avec un succès prodigieux, il fut la consolation de ses directeurs, le modèle admiré de ses condisciples et le professeur aimé des élèves qui étudiaient les lettres sacrées à la lueur de sa précoce intelligence des choses de Dieu.

Lévite encore, il exerçait avec zèle cet essai de l'apostolat, lorsque son oncle, Mgr de Morlhon, Archevêque d'Auch, jaloux de cultiver lui-même les aptitudes si hautement reconnues chez ce jeune parent, le consacra ministre du Seigneur. L'associant à ses travaux, il l'initia aux redoutables et délicates charges de l'épiscopat.

La piété de l'abbé de Morlhon, sa prudence, ses dispositions administratives augmentèrent chaque jour son aimable distinction. Aussi fut-il successivement honoré de la confiance et de l'amitié des Archevêques et Cardinaux qui, après la mort de l'Archevêque de Morlhon, gouvernèrent le diocèse d'Auch.

L'exquise bonté, la bienfaisance ineffable de cette nature d'élite avaient, on le comprend, inspiré les plus nobles, les plus affectueuses sympathies. Vicaire-général, il jouissait, sans s'en prévaloir autrement que pour faire le bien, d'une position que lui avaient faite ses mérites, quand la voix de Dieu se fit entendre..... Pour être docile à son appel, il dut briser, malgré tous les déchirements, des liens bien chers, et former ceux qui allaient l'attacher si inviolablement à l'Église d'Anis.

Précédé par une réputation de sainteté, de savoir, de charité, qui fut bientôt justifiée, il vint, heureux et fier d'avoir été choisi pour l'époux de l'illustre Dame du Puy, consacré Pontife du diocèse de Marie.

Marie ! doux objet de sa tendre dévotion et de son pieux amour ! Monseigneur a dit : « J'éprouvai un sentiment indéfinissable lorsque, pour la première fois, j'aperçus cette ville du Puy. Je fus frappé du caractère religieux de ses hautes cimes. »

Était-ce une secrète intuition de la splendide exaltation par laquelle il y ferait un jour et à jamais glorifier la Vierge Mère et Immaculée ?

Dieu le sait !

Sous ces mystérieuses impressions, le prélat vivement désiré arriva parmi nous, et pendant les seize années d'un épiscopat trop rapidement écoulé, mais riche en œuvres de salut, prêtres et gens du monde ont pu s'édifier, s'éclairer par cette piété suave, dont l'exemple et les conseils rendaient faciles les devoirs de chaque position. Il *se faisait tout à tous,* nous enseignant ainsi que *le joug du Seigneur est doux et léger.*

Le dévouement de Mgr de Morlhon à l'Eglise catholique Romaine était sans bornes. On lit dans son beau Mandement qu'il publia à l'occasion de la prise de possession de son diocèse : « Que ce fut par une sorte de pressentiment des luttes qu'elle allait avoir à soutenir, qu'il consentit à accepter un des premiers rangs dans cette phalange épiscopale qui défend et soutient si glorieusement le Saint-Siége. »

Le jour est venu où l'on peut sans indiscrétion divulguer un élan échappé dans l'intimité d'une conversation sur les malheurs du Saint-Père. Ce fut la révélation d'une foi de martyre... recueillie et religieusement conservée, dans une âme pénétrée d'édification. Elle apprendra que le saint Evêque avait offert sa vie en holocauste pour obtenir du ciel le triomphe de la cause si énergiquement soutenue par l'incomparable et bien-aimé Pie IX. — Espérons que cette cruelle immolation portera ses fruits !

Tous ceux qui ont eu le bonheur de marcher sous la houlette du pasteur tant pleuré ont répété, et l'histoire le dira aux générations futures, que son âme compatissante s'ouvrit à toutes les souffrances, comme sa bourse le fut à toutes les infortunes !

Il partageait non-seulement ses épargnes, mais la presque totalité de sa fortune patrimoniale, entre le denier de Saint-Pierre, les œuvres du culte et les pauvres de tout rang. — Vivement ému par le tableau de l'indigence, il donnait avec une noblesse, une grâce inexprimables, se disant l'obligé des personnes qui lui faisaient connaître les misères à secourir.

A propos conciliant ou ferme, mais toujours avec le tact de son ineffable bonté, il sut agir ou temporiser. Aussi, la sagesse de son discernement lui attira, dans les circonstances même les plus difficiles, cette rare unanimité de respect, de confiance et d'amour dont chacun l'entourait à l'envi. C'est que, ne faisant jamais sentir péniblement la supériorité de ses moyens, il régnait par le cœur ; son immense charité participa efficacement à toutes les bonnes et utiles créations établies par lui, ses devanciers ou ses collaborateurs : Communautés, Congrégations religieuses, Maisons d'éducation, Asiles de pauvres, Orphelinats, furent tour à tour l'objet de ses sollicitudes paternelles, de ses encouragements bienveillants et de ses inépuisables largesses.

Soutien plusieurs fois éprouvé de son clergé dont il était aussi heureux de se faire l'ami, que fier de se montrer l'Evêque ; il s'appliqua toujours à le pénétrer de l'esprit de régularité, de désintéressement. Il lui en donnait les plus généreux exemples.

Il ne suffisait point au saint Evêque du Puy de

maintenir les priviléges de son antique Eglise. Lors de ses deux pèlerinages à Rome, sur la pieuse et filiale demande qu'il déposa aux pieds du Souverain Pontife Pie IX, qui, dans sa particulière bienveillance, l'avait distingué par cette sanctifiante appellation : l'*Evêque de la Madone*, il enrichit le trésor spirituel de notre cathédrale des plus insignes faveurs (1).

Dans l'impossibilité d'énumérer ici tous les titres de Mgr de Morlhon à la reconnaissance d'un pays qui devint le sien par une sainte adoption, levons les yeux vers ce trophée de gloire et de sentiments religieux qui immortalisera au ciel et sur la terre sa puissante dévotion à la Reine des Anges.

En contemplant cette belle statue, cette monumentale image de la Mère de Jésus et la nôtre, sans nous arrêter au souvenir de ce qu'il a fallu d'énergie, de dévoûment et de sacrifices de toute sorte pour terminer une telle œuvre avec tant de magnificence, rappelons ici cette émouvante paraphrase du *Salve Regina*, qui jaillit du cœur de notre vénérable Prélat comme une flamme d'ardent amour. En face de Notre-Dame de France, s'adressant à elle,

---

(1) Les détails ne pouvant trouver place dans ce petit cadre, il faut se borner à citer les plus marquantes : le couronnement de la Vierge d'Anis, la décoration du Chapitre, l'érection de la cathédrale en basilique, l'établissement de la fête diocésaine de Notre-Dame de France, les nombreuses indulgences attachées à cette dévotion, à diverses églises, autels, œuvres de charité, etc., etc.

aux douze pontifes réunis autour de lui et à la foule enthousiaste qui l'écoutait, il dit d'une voix pleine des émotions de son âme et faisant écho dans tous les cœurs :

« Salut, ô Reine glorieuse, Reine du ciel et de la terre, Reine de l'univers entier ; mais surtout Reine de ce beau pays qui, au milieu même de ses égarements, vous a toujours tant honorée et tant aimée : *Salve Regina !*

» Hélas ! en bien des choses nous sommes divisés, et au lieu de nous aider comme des frères, nous luttons les uns contre les autres comme des ennemis ; votre nom seul, ô Marie, a la puissance de suspendre nos luttes, de nous faire oublier nos divisions, et dès qu'il s'agit de vous donner un triomphe, il n'y a en France qu'un cœur et qu'une voix, vous êtes donc vraiment notre Dame et notre Reine. Oh ! soyez-le toujours et soyez-le de plus en plus ; soyez la Reine de nos intelligences, et qu'elles ne préfèrent plus désormais de trompeuses lueurs à la divine lumière que vous avez fait briller sur le monde. Soyez la Reine de nos cœurs et qu'ils n'ambitionnent plus désormais d'autre félicité et d'autre gloire que le bonheur d'aimer Jésus et la gloire du royaume qu'il nous prépare. Soyez la Reine de nos familles et que les pères et les enfants aillent puiser dans votre cœur les vertus qui doivent les sanctifier et le dévouement qui doit les unir. Soyez la Reine de la nation et que sous vos auspices elle soit plus que jamais ce qu'elle a été à toutes les grandes époques de son histoire, le bras de Dieu et l'épée de l'Eglise : *Salve Regina.*

» Que si dans cet empire, qui vous reconnaît si hautement pour sa souveraine, il est encore quelques sujets rebelles, s'il est des cœurs qui aient oublié l'amour qu'ils vous doivent et celui que vous avez pour eux, ah ! souvenez-vous que vous n'êtes pas seulement Reine, mais encore mère, et mère de miséricorde : *Mater misericordiæ.*

» Vous entendez aujourd'hui nos chants de joie ; mais hier vous entendiez nos cris de détresse, et demain peut être, aux transports de cette fête succéderont les amertunes du deuil ; c'est que si le ciel semble quelquefois s'ouvrir pour nous éclairer de quelques rayons de ses félicités, nous ne sommes pas moins dans l'exil auquel nous a condamnés une mère coupable : *Ad te clamamus exules filii Evæ.* Prêtez l'oreille aux soupirs de l'exilé, ô douce Reine de la patrie ; entendez les gémissements de l'Eglise, voyez les pleurs qui coulent des yeux du Vicaire de Jésus-Christ et de ses enfants : jamais cette vallée de larmes ne fut troublée par de plus violents orages et enveloppée de plus sombres nuages : *Ad te suspiramus gementes et flentes in hac lacrymarum valle.* Levez-vous donc, ô puissante avocate, et plaidez notre cause auprès de Dieu : Secours des chrétiens, tournez vers votre peuple ces yeux de miséricorde dont les regards consolent les bons et confondent les méchants! *Eia ergo, advocata nostra, illos tuos misericordes oculos ad nos converte.* Ce Jésus que vous tenez dans vos bras et qui reçut de vous le sang qu'il versa pour notre salut, et le cœur dont la lance nous a ouvert l'entrée, ce Jésus que vous donnez à qui vous voulez, ah ! donnez-le-nous et donnez-nous à lui ; faites-nous le connaître, faites-nous l'aimer pendant notre exil, afin que nous puissions le voir et partager sa gloire dans la patrie : *Et Jesum benedictum fructum ventris tui nobis post hoc exilium ostende.* »

Sublimes accents d'une foi extatique, de douce confiance et de brûlante charité, n'étiez-vous pas le prélude des célestes harmonies auxquelles ce Pontife confesseur allait bientôt mêler sa voix évangélique? Joints à tant d'autres titres à la béatitude, ils lui faciliteront, nous en avons l'espoir, l'entrée dans la bienheureuse cité, s'il n'en jouit déjà !...

Ce fut le 5 octobre 1862, en revenant d'une visite pastorale où notre bien-aimé Prélat, luttant contre la maladie, avait dépensé tout ce que son cœur d'apôtre et d'évêque renfermait de zèle et de charité, qu'après avoir récité son office, il rendit paisiblement sa belle âme, encore épurée par cette dernière prière, au Dieu dont il avait *soutenu les combats*.

Les regrets inconsolables que devait exciter la perte de cet excellent Evêque, unanimement aimé, respecté, vénéré, se traduisirent d'une manière instantanée par tous les moyens propres à perpétuer le souvenir d'une mémoire si chère.

Ces sentiments sont aujourd'hui monumentalisés par l'érection solennellement inaugurée de la statue du saint Prélat sur le rocher de Corneille, aux pieds de Notre-Dame de France.

Les plus hautes et les plus efficaces sympathies accueillirent, à son début, cette œuvre de pieuse gratitude. Sa belle et prompte réussite témoigne qu'elles ne lui ont pas fait défaut.

Le pays en est profondément reconnaissant.

LE PUY, TYP. ET LITH. M.-P. MARCHESSOU

www.ingramcontent.com/pod-product-compliance
Lightning Source LLC
Chambersburg PA
CBHW070436080426
42450CB00031B/2676